**E**ste libro de dragones pertenece a
..................................................

El Dragón y el Acosador
My Dragon Books Español - Volumen 5
de Steve Herman

Copyright © 2020 Digital Golden Solutions LLC.

Todos los derechos reservados. Este libro y ninguna de sus partes pueden ser usadas o reproducidas en ninguna forma gráfica, electrónica o mecánica, incluyendo fotocopia, grabación, taquigrafiado tipiado o algún otro medio, incluyendo sistemas de almacenamiento, sin previo permiso por escrito de la casa editora.

[All rights reserved. No part of this publication may be reproduced, distributed, or transmitted in any form or by any means, including photocopying, recording, or other electronic or mechanical methods, without the prior written permission of the publisher.]

ISBN: 978-1950280353 (Tapa blanda)
ISBN: 978-1950280360 (Tapa dura)

www.MyDragonBooks.com

Primera Edición: marzo 2020

10 9 8 7 6 5 4 3 2 1

Érase una vez un niño llamado Drew...

Quien tenía un dragón llamado Diggory Doo.

Diggory aprendió a volar
y sus escamas brillantes mantener
Y llevarse bien con los demás
y esforzarse por no morder.

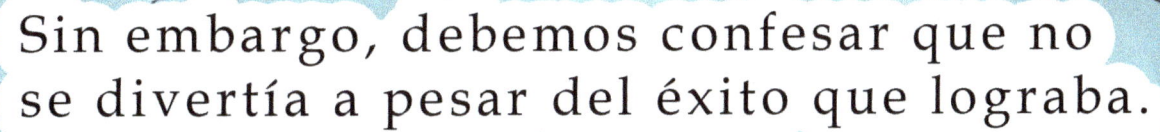
Sin embargo, debemos confesar que no se divertía a pesar del éxito que lograba.

abía un dinosaurio que al nombre de Apestoso Steve respondía

¡Intimidaba a Diggory Doo y hacía unas cosas que no creerías!

Siempre se reía de Diggory Doo,
no era muy agradable y no se lo merece;

Lo pinchaba con un lápiz
y lo hizo tropezar una o dos veces.

Apestoso pisoteó la cola de Diggory, luego en la rodilla lo pateó.

Luego culpó del hecho a Diggory Doo - ¡Apestoso era un mentiroso diestro!

"Apestoso Steve es un acosador;
lo peor que en mi vida he podido imaginar,
Le enseñaré a Apestoso Steve una lección,
¡que jamás va a olvidar, puedes apostar!"

Drew pensó por un rato y luego replicó:
"Sé que fue complicado,
Y cuando de Apestoso Steve se trata,
de seguro que a ti te ha hartado."

"Puedo sugerirte, hacer lo que es mejor,
y creo que encontrarás
Que cuando respondes siendo **amable**,
mayor satisfacción lograrás."

"Si es cierto eso", dijo Diggory Doo, "creo que debo concordar, yo debería ser bueno con Apestoso Steve, aunque a mí me trate mal."

Aunque de él pudo haberse reído o mientras yacía tirado patearlo, Diggory Doo decidió a Apestoso del suelo levantarlo.

La suciedad le limpió
y a Apestoso las lágrimas secó,

Después, Diggory Doo a Apestoso Steve si quería jugar preguntó.

Luego Apestoso Steve sorprendió a Diggory Doo cuando se disculpó!

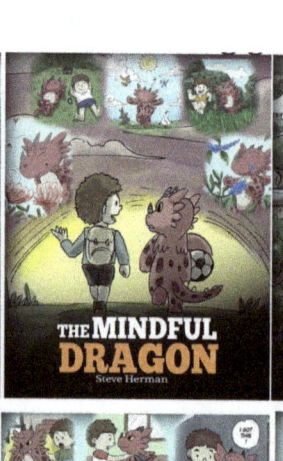